电力企业作业现场
人身伤害风险防范手册

DIANLI QIYE ZUOYE XIANCHANG
RENSHEN SHANGHAI FENGXIAN FANGFAN SHOUCE

国网河南省电力公司　组编

中国电力出版社
CHINA ELECTRIC POWER PRESS

内 容 提 要

本手册主要针对电力企业生产作业现场中的人身安全风险，涵盖通用、变电、输电、营配、电建五个部分的触电伤亡、高处坠落、物体打击、机械伤害等九种伤害类型，给出了危险点和相应的防范措施。

手册贴近现场、实用性强、通俗易懂、图文并茂，可作为电力行业一线员工、安全生产管理人员及安监人员的培训教材。

图书在版编目（CIP）数据

电力企业作业现场人身伤害风险防范手册 / 国网河南省电力公司组编. — 北京：中国电力出版社，2019.6（2020.6重印）
ISBN 978-7-5198-3155-4

Ⅰ. ①电… Ⅱ. ①国… Ⅲ. ①电力工业－工业企业管理－风险管理－手册 Ⅳ. ①TM08-62

中国版本图书馆CIP数据核字(2019)第093183号

出版发行：中国电力出版社
地　　址：北京市东城区北京站西街19号（邮政编码100005）
网　　址：http://www.cepp.sgcc.com.cn
责任编辑：丁　钊　（010-63412393）
责任校对：朱丽芳
装帧设计：张俊霞
责任印制：杨晓东

印　　刷：北京博图彩色印刷有限公司
版　　次：2019年6月第一版
印　　次：2020年6月北京第四次印刷
开　　本：880毫米×1230毫米　32开本
印　　张：3.5
字　　数：91千字
印　　数：20001—22000册
定　　价：30.00元

《电力企业作业现场人身伤害风险防范手册》编委会

前言

Preface

安全管理最根本的目的是保护人的生命和健康。习近平总书记指出："人命关天，发展绝不能以牺牲人的生命为代价。这必须作为一条不可逾越的红线。"坚持以人为本、生命至上、可持续发展的理念已成为社会的共识。

加强安全技术教育培训，提高生产作业人员素质，是抓好安全管理的重要环节。抓好安全教育培训，重点要把握好培训对象、内容、形式、效果等环节，使广大职工具备较强的安全意识、较高的业务水平、较强的分析判断能力和紧急情况处理能力，进而实现安全工作由"要我安全向我要安全、我懂安全、我会安全"转变。

本手册主要针对在电力企业生产作业现场中的人身安全风险，以生产现场为着眼点，以防控人身伤亡为重点，以事故类别为主线进行编写，具有贴近现场、实用性强、通俗易懂和图文并茂等特点，可作为电力行业一线员工、安全生产管理人员及安监人员的培训教材。

本手册共分通用、变电、输电、营配、电建五个部分，涵盖触电伤亡、高处坠落、物体打击、机械伤害等九种伤害类型，并且依据《国家电网公司电力安全工作规程》明确相应防范措施。

本手册得到了国网郑州、安阳、南阳、开封、平顶山、焦作、濮阳、许昌、三门峡、鹤壁供电公司的大力支持和帮助，在此一并表示感谢。

编　者

目录
Contents

前言

1 通用部分

2 变电专业

3 输电专业

4 营配专业

5 电网建设

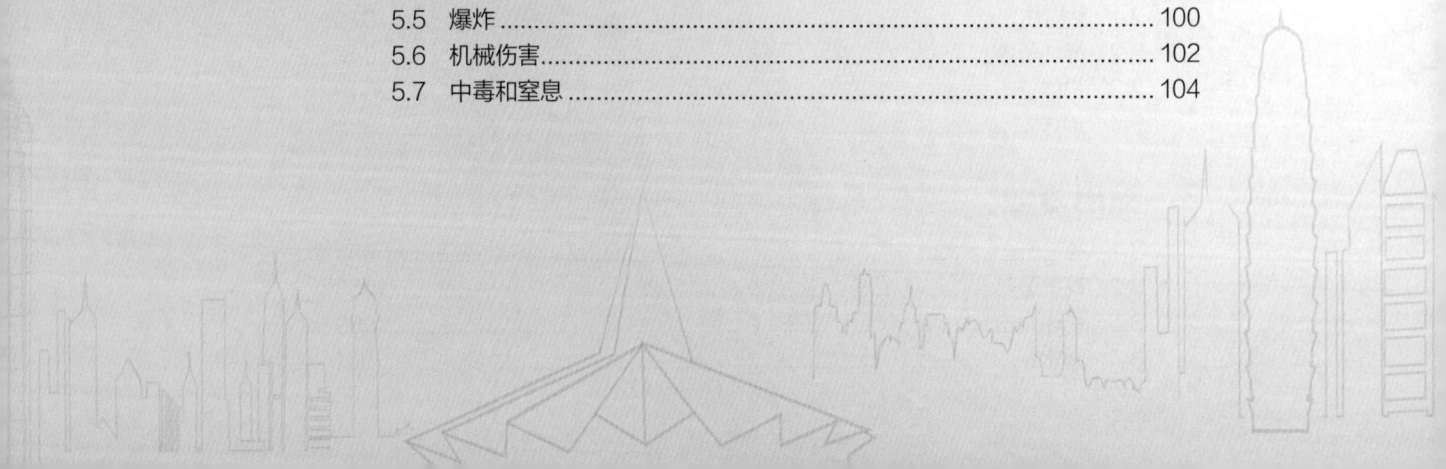

1 通用部分

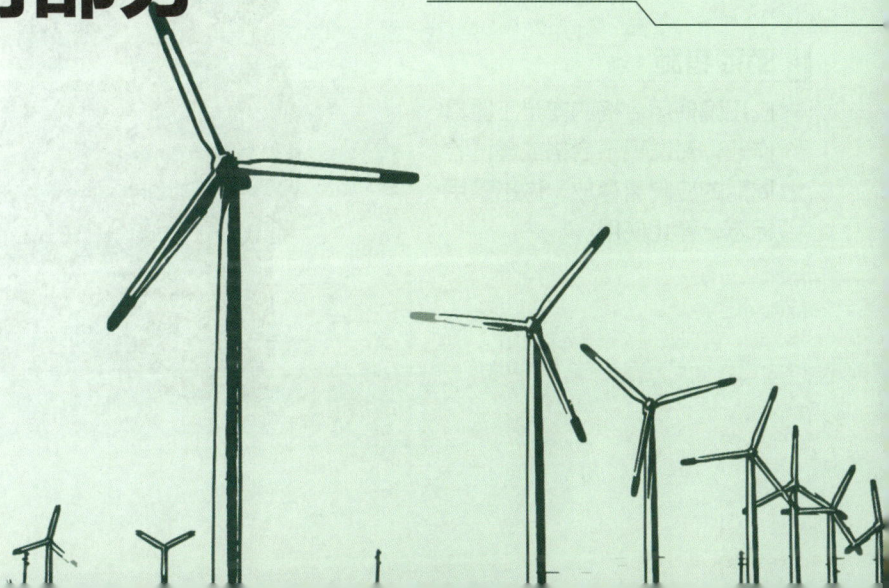

1.1　触电伤亡

▌危险点 ▶▶▶

→ 使用不合格的安全工器具作业。

▌防范措施 ▶▶▶

→ 应正确使用合格的安全工器具作业，对发现不合格或超试验周期的应隔离存放，做出禁用标志，停止使用。

不合格 禁止使用

不能使用
不合格的
安全工器具

通用部分 ❀

TONGYONG BUFEN

通用部分

变电专业

输电专业

营配专业

电网建设

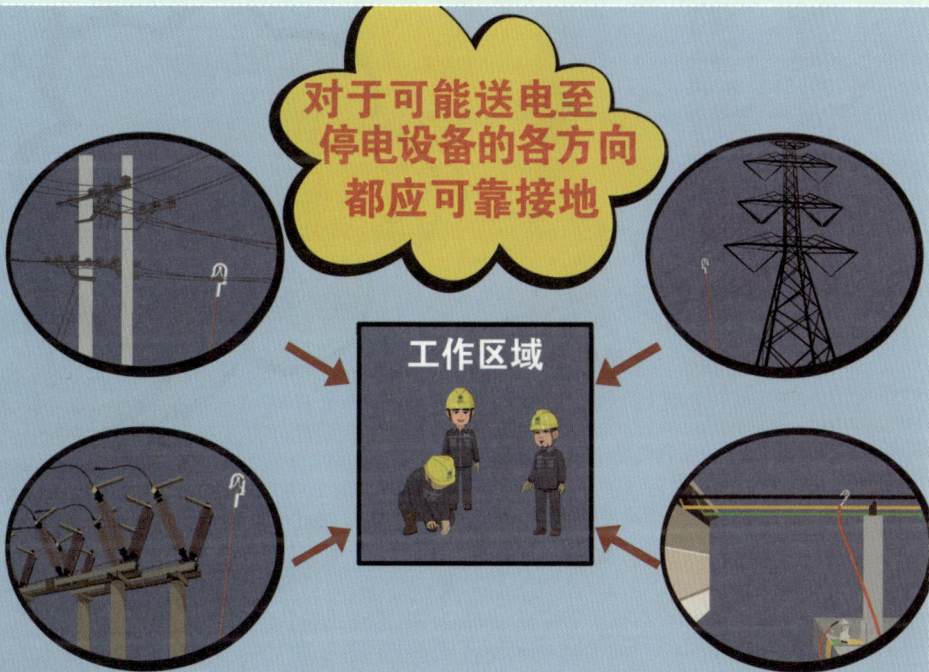

对于可能送电至停电设备的各方向都应可靠接地

工作区域

1.1　触电伤亡

▌危险点 ▶▶▶

→ 接地措施布置不完善。

▌防范措施 ▶▶▶

→ 对于可能送电至停电设备的各方向都应装设接地线或合上接地开关（装置），所装接地线与带电部分应考虑接地线摆动时仍符合安全距离的规定。接地线、接地开关与检修设备之间不得连有断路器或熔断器。禁止作业人员擅自移动或拆除接地线。

1.1 触电伤亡

危险点 ▶▶

→ 在带电区域内或邻近带电线路
处使用金属梯子。

防范措施 ▶▶

→ 在带电区域内或邻近带电线路
处，禁止使用金属梯子。

通用部分 ❖

TONGYONG BUFEN

通用部分

变电专业

输电专业

营配专业

电网建设

1.1 触电伤亡

▌危险点 ▶▶

→ 未将试验仪器外壳接地。

▌防范措施 ▶▶

→ 试验仪器在通电开机之前，将仪器外壳可靠接地，防止试验仪器漏电伤人或试验数据不准确。试验仪器所接电源开关必须带剩余电流动作（漏电）保护器；高压引线应尽量缩短，并采用专用的高压试验线，必要时用绝缘物支持牢固。

1.1　触电伤亡

▌危险点 ▸▸

→ 未正确使用个人保安线。

▌防范措施 ▸▸

→ 在停电线路上进行需要接触或
接近导线的工作，为防止感应
电压伤人，必须使用个人保安
线；无论线路是否停电，在需
要接触或接近绝缘架空地线工
作时，应使用个人保安线。

在存在感应电的线路上作业应装设个人保安线

1.1 触电伤亡

验电操作前
先进行
自检试验

▌危险点 ▶▶

→ 不检查验电器完好直接验电。

▌防范措施 ▶▶▶

→ 验电前，应先在有电设备上进行试验，确认验电器良好；无法在有电设备上进行试验时，可用工频高压发生器等确认验电器良好。验电时应戴绝缘手套。验电时人体应与被验电设备保持规定的距离。

1.1 触电伤亡

▌危险点 ▶▶

→ 接地前不正确验电。

▌防范措施 ▶▶

→ 验电时，应使用相应电压等级
且合格的接触式验电器，在
装设接地线或合接地开关（装
置）处对各相分别验电。验电
前，应先在有电设备上进行试
验，确认验电器良好；高压验
电应戴绝缘手套。

通用部分
TONGYONG BUFEN

通用部分
变电专业
输电专业
营配专业
电网建设

1.1 触电伤亡

手不能直接触碰接地线

▌危险点 ▶▶

→ 不戴绝缘手套、不穿绝缘鞋装拆接地线。

▌防范措施 ▶▶

→ 装设接地线应先接接地端，后接导体端，接地线应接触良好，连接应可靠。拆接地线的顺序与此相反。装、拆接地线导体端均应使用绝缘棒和戴绝缘手套。人体不得碰触接地线或未接地的导线，以防止触电。

1.1 触电伤亡

▌▌危险点 ▶▶

→ 不按照《国家电网公司电力安全工作规程》要求顺序装设或拆除接地线。

▌▌防范措施 ▶▶

→ 装设接地线时,应先接接地端,后接导线端,接地线应接触良好、连接应可靠。拆除地线的顺序与此相反。

小心验电器
电压等级不对

1.1　触电伤亡

▌危险点 ▶▶▶

→ 不用相应电压等级的接触式验
电器进行验电。

▌防范措施 ▶▶▶

→ 在工作地段接地前，应使用相
应电压等级、合格的接触式验
电器验明设备确无电压。

1.1 触电伤亡

▌危险点 ▶▶

→ 雨天室外高压操作，未使用有
防雨罩的绝缘棒，未穿绝缘靴，
未戴绝缘手套。

▌防范措施 ▶▶

→ 雨天室外高压操作，应由两
人进行，一人操作一人监护。
操作人必须使用有防雨罩的
绝缘拉杆，并穿绝缘靴、戴
绝缘手套。

雨天高压操作
要使用带有防雨罩
的绝缘棒

通用部分

TONGYONG BUFEN

通用部分

变电专业

输电专业

营配专业

电网建设

1.1 触电伤亡

危险点 ▶▶▶

→ 不按规定使用梯子。

防范措施 ▶▶▶

→ 硬质梯子的横档应嵌在支柱上，梯阶的距离不应大于40cm，并在距梯顶1m处设限高标志。使用单梯工作时，梯与地面的斜角度约为60°。梯子不宜绑接使用。人字梯应有限制开度的措施。人在梯子上时,禁止移动梯子。

1.2 高处坠落

危险点 ▶▶

→ 不正确使用安全带。

防范措施 ▶▶

→ 安全带的挂钩或绳子应挂在结实牢固的构件上，或专为挂安全带用的钢丝绳上，并应采用高挂低用的方式。禁止挂在移动或不牢固的物件上。在杆塔上作业时，应使用有后备保护绳或速差自锁器的双控背带式安全带，当后备保护绳超过3m时，应使用缓冲器。

高空作业
应佩戴安全带

通用部分

TONGYONG BUFEN

通用部分
变电专业
输电专业
营配专业
电网建设

1.2　高处坠落

危险点 ▶▶

→ 变电站（生产厂房）内外工作场所的井、坑、孔、洞或沟道，未覆以与地面齐平而坚固的盖板。

防范措施 ▶▶

→ 变电站（生产厂房）内外工作场所的井、坑、孔、洞或沟道，应覆以与地面齐平而坚固的盖板。在检修工作中如需将盖板取下，应设临时围栏。临时打的孔、洞，施工结束后，应恢复原状。

1.2 高处坠落

危险点 ▶▶

→ 人员利用吊钩上升或下降。

防范措施 ▶▶

→ 吊物上不许站人，禁止作业人员利用吊钩上升或下降。

严禁吊物上站人并利用吊钩上升

通用部分

TONGYONG BUFEN

通用部分

变电专业

输电专业

营配专业

电网建设

1.3 物体打击

危险点 ▶▶

→ 未佩戴安全帽进入作业现场。

防范措施 ▶▶

→ 进入作业现场应正确佩戴安全帽。

1.3 物体打击

▌危险点 ▶▶

→ 高处作业中违规抛掷工具或
物料。

▌防范措施 ▶▶▶

→ 高处作业应一律使用工具袋。
较大的工具应用绳拴在牢固的
构件上，工件、边角余料应放
置在牢靠的地方或用铁丝扣牢
并有防止坠落的措施，不准随
便乱放，以防止从高空坠落发
生事故。禁止将工具及材料上
下投掷，应用绳索拴牢传递，
以免打伤下方作业人员或击毁
脚手架。

高空作业
应使用
工具袋

工具包

通用部分 ❀

TONGYONG BUFEN

通用部分

变电专业

输电专业

营配专业

电网建设

1.4 爆炸

▌危险点 ▶▶

→ 氧气瓶及乙炔气瓶混放运送。

▌防范措施 ▶▶

→ 禁止把氧气瓶及乙炔气瓶放在一起运送，也不准把氧气瓶与其他易燃物品或装有可燃气体的容器一起运送。

1.4 爆炸

危险点 ▶▶

→ 焊接、切割作业时，氧气瓶和乙炔气瓶未垂直放置且距离过近。

防范措施 ▶▶

→ 使用中的氧气瓶和乙炔气瓶应垂直固定放置，氧气瓶和乙炔气瓶的距离不准小于 5m，气瓶的放置地点不准靠近热源，应距明火 10m 以外。

氧气瓶
未垂直放置
间距
小于5m

乙炔 不可近火

不要
在吊物下面
逗留

1.5 起重伤害

▌危险点 ▶▶

→ 在起吊物下方逗留和通过。

▌防范措施 ▶▶

→ 在起吊过程当中，吊臂和起吊物的下面禁止有人逗留和通过，禁止与工作无关人员在起重工作区域内行走或停留。

1.6 机械伤害

危险点 ▶▶

→ 将运行中转动设备的防护罩打开。

防范措施 ▶▶

→ 应先将转动设备的电源断开，确定无电后，方能打开转动设备防护罩。

通用部分 ❖

TONGYONG BUFEN

通用部分

变电专业

输电专业

营配专业

电网建设

电缆井或隧道内存在易燃、易爆及有毒气体

1.7 中毒和窒息

▌危险点 ▶▶

→ 进入电缆井或隧道内未事先通风，未用气体检测仪检查。

▌防范措施 ▶▶

→ 进入电缆井或隧道内作业时，应先用吹风机排除浊气，再用气体检测仪检查井内或隧道内的易燃易爆及有毒气体的含量是否超标，并做好记录。

2 变电专业

变电专业

BIANDIAN ZHUANYE

通用部分

变电专业

输电专业

营配专业

电网建设

不要移开遮栏

止步 高压危险

2.1 触电伤亡

危险点 ▶▶

→ 作业人员擅自移开或越过遮栏。

防范措施 ▶▶

→ 无论高压设备是否带电，作业人员不得单独移开或越过遮栏进行工作；如有必要移开遮栏时，应有监护人在场，并符合安全距离的要求。

2.1 触电伤亡

▌危险点 ▶▶

→ 雷雨天气巡视室外高压设备，未穿绝缘靴就靠近避雷器和避雷针。

▌防范措施 ▶▶

→ 雷雨天气时，若需要进行设备巡视，应穿绝缘靴，并不准靠近避雷器和避雷针。

怎么不穿绝缘靴

2.1 触电伤亡

▌危险点 ▶▶

→ 高压设备发生接地时，未戴绝缘手套接触设备的外壳和构架。

▌防范措施 ▶▶

→ 高压设备发生接地时，室内人员应距离故障点4m以外，室外人员应距离故障点8m以外。进入上述范围人员应穿绝缘靴，接触设备的外壳和构架时，应戴绝缘手套。

通用部分

变电专业

输电专业

营配专业

电网建设

2.1 触电伤亡

危险点 ▶▶

→ 电气设备停电后，未做好安全
措施就触及设备。

防范措施 ▶▶

→ 电气设备停电后，在未拉开有
关隔离开关和做好安全措施
前，不得触及设备或进入遮栏，
以防突然来电。任何运行中的
星形接线设备的中性点，应视
为带电设备。

变电专业

BIANDIAN ZHUANYE

通用部分

变电专业

输电专业

营配专业

电网建设

禁止带
负荷拉合
隔离开关

2.1 触电伤亡

危险点 ▶▶▶

→ 带负荷拉合隔离开关。

防范措施 ▶▶▶

→ 停电拉闸操作应按照断路器—负荷侧隔离开关—电源侧隔离开关的顺序依次进行，送电合闸操作应按与上述相反的顺序进行。

2.1 触电伤亡

▍危险点 ▶▶
→ 擅自解除闭锁装置。

▍防范措施 ▶▶
→ 解锁工具应封存保管，所有操作人员和检修人员禁止擅自使用解锁工具。如需解锁，履行解锁相关手续。

不准擅自解除闭锁装置

変电专业

BIANDIAN ZHUANYE

通用部分

变电专业

输电专业

营配专业

电网建设

2.1 触电伤亡

拉合
隔离开关
要戴绝缘手套

危险点 ▶▶

→ 不戴绝缘手套操作断路器和隔离开关。

防范措施 ▶▶

→ 用绝缘棒拉合隔离开关、高压熔断器或经传动机构拉合断路器和隔离开关，均应戴绝缘手套。雨天操作室外高压设备时，绝缘棒应有防雨罩，还应穿绝缘靴。接地网电阻不符合要求的，晴天也应穿绝缘靴。雷电时，禁止就地倒闸操作。

2.1　触电伤亡

▌危险点 ▶▶

→ 不采取防护措施装卸高压熔断器。

▌防范措施 ▶▶

→ 装卸高压熔断器，应戴护目眼镜和绝缘手套，必要时使用绝缘夹钳，并站在绝缘垫或绝缘台上。

变电专业

BIANDIAN ZHUANYE

通用部分

变电专业

输电专业

营配专业

电网建设

2.1　触电伤亡

▌危险点 ▶▶▶

→ 倒闸操作中不按规定检查设备实际位置。

▌防范措施 ▶▶▶

→ 电气设备操作后的位置检查应以设备各相实际位置为准，无法看到实际位置时，应通过间接方法，如设备机械位置指示、电气指示、带电显示装置、仪表及各种遥测、遥信等信号的变化来判断。

2.1 触电伤亡

▌危险点 ▶▶

→ 雨雪天气时对户外设备直接
验电。

▌防范措施 ▶▶

→ 雨雪天气时，户外设备接地前
应进行间接验电。通过设备的
机械指示位置、电气指示、带
电显示装置、仪表及各种遥测、
遥信等信号的变化来判断。

变电专业

BIANDIAN ZHUANYE

通用部分

变电专业

输电专业

营配专业

电网建设

2.1　触电伤亡

危险点 ▶▶

→ 约时停、送电。

防范措施 ▶▶

→ 线路的停、送电均应按照值班调控人员或线路工作许可人的指令执行。

2.1 触电伤亡

危险点 ▶▶

→ 擅自开启高压开关柜门、检修小窗，移动绝缘挡板。

防范措施 ▶▶

→ 高压开关柜内手车开关拉出后，隔离带电部位的挡板封闭后禁止开启，并设置"止步，高压危险！"的标示牌。严禁擅自开启高压开关柜门、检修小窗。

严禁擅自
打开柜门

变电专业

BIANDIAN ZHUANYE

通用部分

变电专业

输电专业

营配专业

电网建设

2.1 触电伤亡

禁止使用绝缘损坏的电动工器具

危险点 ▶▶▶

→ 使用绝缘损坏的电动工器具。

防范措施 ▶▶▶

→ 手持电动工器具如有绝缘损坏、电源线护套破裂、保护线脱落、插头插座裂开或有损于安全的机械损伤等故障时，应立即修理，在未修复前，不得继续使用。

2.1 触电伤亡

危险点 ▶▶
→ 在带电设备周围使用钢卷尺、皮卷尺和线尺进行测量工作。

防范措施 ▶▶
→ 在带电设备周围禁止使用钢卷尺、皮卷尺和线尺进行测量工作。

2.1 触电伤亡

┃危险点 ▶▶

→ 临时电源不装设剩余电流动作（漏电）保护器。

┃防范措施 ▶▶

→ 变电站内使用的临时电源必须装设剩余电流动作（漏电）保护器，设备漏电时能及时切断电源，防止人身触电。

通用部分

变电专业

输电专业

营配专业

电网建设

2.1 触电伤亡

▌危险点 ▶▶

→ 未正确悬挂标示牌和装设遮栏。

▌防范措施 ▶▶

→ 在一经合闸即可送电到工作地点的断路器和隔离开关的操作把手上，均应悬挂"禁止合闸，有人工作！"或"禁止合闸，线路有人工作！"的标示牌；高压开关柜内手车开关拉出后，隔离带电部位的挡板封闭后禁止开启，并设置"止步，高压危险！"的标示牌；在室内高压设备上工作，应在工作地点两旁及对面运行设备间隔的遮栏（围栏）上和禁止通行的过道遮栏（围栏）上悬挂"止步，高压危险！"的标示牌；在室外高压设备上工作，应在工作地点四周装设围栏。

变电专业

BIANDIAN ZHUANYE

通用部分

变电专业

输电专业

营配专业

电网建设

禁止擅自移动或拆除遮栏

2.1 触电伤亡

危险点 ▶▶

→ 作业人员擅自移动或拆除遮栏、标示牌。

防范措施 ▶▶

→ 因工作原因必须短时移动或拆除遮栏，应征得工作许可人的同意，并在工作负责人的监护下进行。完毕后应立即恢复。

2.1 触电伤亡

▌危险点 ▶▶▶

→ 违反《国家电网公司电力安全
工作规程》进行低压带电工作。

▌防范措施 ▶▶▶

→ 低压带电工作时，应采取遮
蔽有电部分等防止相间或接
地短路的有效措施；低压电
气带电工作应戴手套、护目
镜，并保持对地绝缘。作业
前，应先分清相线、中性线，
选好工作位置。

变电专业

BIANDIAN ZHUANYE

通用部分

变电专业

输电专业

营配专业

电网建设

2.1 触电伤亡

危险点 ▶▶

→ 不充分放电和接地进行电容器检修和电缆试验工作。

防范措施 ▶▶

→ 电缆及电容器接地前应逐相充分放电。星形接线电容器的中性点应接地，串联电容器及与整组电容器脱离的电容器应逐个多次放电，装在绝缘支架上的电容器外壳也应放电。

2.1 触电伤亡

▮▮ 危险点 ▶▶

→ 违规接取试验电源。

▮▮ 防范措施 ▶▶

→ 接取试验电源应在专用的动力
箱、电源屏，接试验电源应用
万用表测量电压正常，断开电
源开关接线，试验电源线应接
在开关下端或专用插头上，接
线应经第二人复查后再通电。

变电专业

BIANDIAN ZHUANYE

通用部分

变电专业

输电专业

营配专业

电网建设

2.1 触电伤亡

▌危险点 ▶▶

→ 使用非绝缘工具清扫运行设备
和二次回路。

▌防范措施 ▶▶

→ 清扫运行设备和二次回路时,
要防止振动,防止误碰,要使
用绝缘工具。

2.1 触电伤亡

危险点 ▶▶

→ 不检查试验接线，不通知其他人员离开就加压试验。

防范措施 ▶▶

→ 二次回路通电或耐压试验前，应通知运行人员和有关人员，并派人到现场看守，检查二次回路及一次设备上确无人工作后，方可加压。

试验加压前，一定要检查实验接线，一定要通知其他人员离开现场

变电专业

BIANDIAN ZHUANYE

通用部分

变电专业

输电专业

营配专业

电网建设

通信电源
接线也一定要
戴防护手套

2.1 触电伤亡

▌危险点 ▶▶

→ 不戴防护手套进行通信电源改接线。

▌防范措施 ▶▶

→ 通信电源改接线时戴防护手套，防止触电。

2.2 高处坠落

危险点 ▶▶

→ 变电站内外工作场所未采取防坠落的措施。

防范措施 ▶▶

→ 变电站内外工作场所的井、坑、孔、洞或沟道，应覆以与地面齐平而坚固的盖板。在检修工作中如需将盖板取下，应设临时围栏。临时打的孔、洞，施工结束后，应恢复原状。

戴上
安全帽

2.3 物体打击

▌危险点 ▶▶▶

→ 高空作业现场、深坑及井内作业不戴安全帽。

▌防范措施 ▶▶▶

→ 进入作业现场应正确佩戴安全帽，现场作业人员应穿全棉长袖工作服、绝缘鞋。

2.4　爆炸

▌危险点 ▶▶

→ 油化验室出现明火。

▌防范措施 ▶▶

→ 在油化验室内，工作及外来人员禁止吸烟或携带明火。油化验室内应备足消防灭火器材。

3 输电专业

3.1 触电伤亡

▌危险点 ▸▸

→ 登杆前未确认线路名称、杆号。

▌防范措施 ▸▸

→ 作业人员登杆前应核对停电检
修线路的识别标记和线路名
称、杆号无误后，方可攀登。
登杆塔至横担处时，应再次核
对停电线路的识别标记与双重
称号，确实无误后方可进入停
电线路侧横担。

输电专业

SHUDIAN ZHUANYE

通用部分
变电专业
输电专业
营配专业
电网建设

3.1 触电伤亡

▌危险点 ▶▶▶

→ 同杆塔架设的多层电力线路不按照规定顺序进行验电。

▌防范措施 ▶▶▶

→ 对同杆塔架设的多层电力线路进行验电时，应先验低压、后验高压，先验下层、后验上层，先验近侧、后验远侧。禁止作业人员穿越未经验电、接地的 10（20）kV 线路及未采取绝缘措施的低压带电线路对上层线路进行验电。

3.1 触电伤亡

▌危险点 ▶▶

→ 不满足安全距离要求在带电线
路杆塔上进行作业。

▌防范措施 ▶▶

→ 在带电线路杆塔上进行测量、
防腐、巡视检查、紧杆塔螺栓、
清除杆塔上异物等工作，作业
人员活动范围及其所携带的
工具、材料等，与带电导线的
最小距离不准小于图中表格的
规定。

电压等级（kV）	安全距离（m）	电压等级（kV）	安全距离（m）
10及以下	0.70	154	2.00
20～35	1.00	220	3.00
44	1.20	330	4.00
60～110	1.50	500	5.00

3.1　触电伤亡

危险点 ▶▶

→ 接触与带电线路距离小于安全距离的树木。

防范措施 ▶▶

→ 树枝接触或接近高压带电导线时，应将高压线路停电或用绝缘工具使树枝远离带电导线至安全距离。此前禁止人体接触树木。

3.1 触电伤亡

▌危险点 ▶▶

→ 在阴雨或雷雨天气下野外熔接
线路光缆。

▌防范措施 ▶▶

→ 避免阴雨或雷雨天气下野外熔
接线路光缆。

雨天不准在
野外熔接线
路光缆

输电专业

SHUDIAN ZHUANYE

通用部分
变电专业
输电专业
营配专业
电网建设

雨天及雷电
天气不准露天
高处作业

3.1　触电伤亡

▎危险点 ▶▶

→ 在恶劣天气下进行露天高处作业。

▎防范措施 ▶▶

→ 在 5 级及以上的大风以及暴雨、雷电、冰雹、大雾、沙尘暴等恶劣天气下，应停止露天高处作业。特殊情况下，确需在恶劣天气进行抢修时，应组织人员充分讨论必要的安全措施，经本单位批准后方可进行。

3.2 高处坠落

危险点 ▶▶

→ 不检查登高工具即进行攀登杆塔作业。

防范措施 ▶▶

→ 攀登杆塔作业前，应先检查登高工具、设施，如脚扣、升降板、安全带、梯子和脚钉、爬梯、防坠装置等是否完整牢靠。

3.3 物体打击

▌危险点 ▶▶▶

→ 更换绝缘子串时未加挂防脱落装置。

▌防范措施 ▶▶▶

→ 更换绝缘子串和移动导线的作业，当采用单吊（拉）线装置时，应采取防止导线脱落时的后备保护措施。

3.3　物体打击

危险点 ▶▶▶

→ 在受力钢丝绳周围逗留或通过。

防范措施 ▶▶▶

→ 在起吊、牵引过程中，受力钢
丝绳周围、上下方、转向滑车
内角侧，禁止有人逗留或通过。

不要在受力钢丝绳周围逗留和通过

3.4 溺水

▊危险点 ▶▶▶

→ 巡线时泅渡。

▊防范措施 ▶▶▶

→ 巡线时禁止泅渡。

通用部分

变电专业

输电专业

营配专业

电网建设

4 营配专业

4.1 触电伤亡

▌危险点 ▶▶▶

→ 巡视时触碰裸露带电部位。

▌防范措施 ▶▶▶

→ 低压配电网巡视时，禁止触碰裸露带电部位；单人巡视，禁止攀登杆塔和配电变压器台架。

4.1　触电伤亡

▌危险点 ▶▶▶

→ 不验电、不接地即进行低压电
气工作。

▌防范措施 ▶▶▶

→ 配电线路和设备停电检修，接
地前，应使用相应电压等级的
接触式验电器或测电笔，在装
设接地线或合接地开关处逐相
分别验电、接地，无法装设接
地线时，应采取绝缘遮蔽或其
他可靠隔离措施。

不验电、不接地
即进行低压电
气工作

4.1　触电伤亡

▌危险点 ▶▶▶

→ 不按规定进行柱上变压器台架工作。

▌防范措施 ▶▶▶

→ 柱上变压器台架工作，应先断开低压侧的空气开关、刀开关，再断开变压器台架的高压线路的隔离开关或跌落式熔断器，高低压侧验电、接地后，方可工作。不宜在跌落式熔断器下部新装、调换引线，若必须进行，应采用绝缘罩将跌落式熔断器上部隔离，并设专人监护。

4.1 触电伤亡

危险点 ▶▶

→ 不采取安全措施即打开环网柜
门进行工作。

防范措施 ▶▶

→ 环网柜应在停电、验电、合上
接地开关后，方可打开柜门。
环网柜部分停电工作，若进线
柜线路侧有电，进线柜应设遮
栏，悬挂"止步，高压危险！"
标示牌；在进线柜负荷开关的
操作把手插入口加锁，并悬挂
"禁止合闸，有人工作！"标
示牌；在进线柜接地开关的操
作把手插入口加锁。

4.1 触电伤亡

▌危险点 ▶▶▶

→ 不采取防触电措施进行互感器校验。

▌防范措施 ▶▶▶

→ 现场校验电流互感器、电压互感器应停电进行，试验时应有防止反送电、防止人员触电的措施。校验时，试验装置可靠接地。

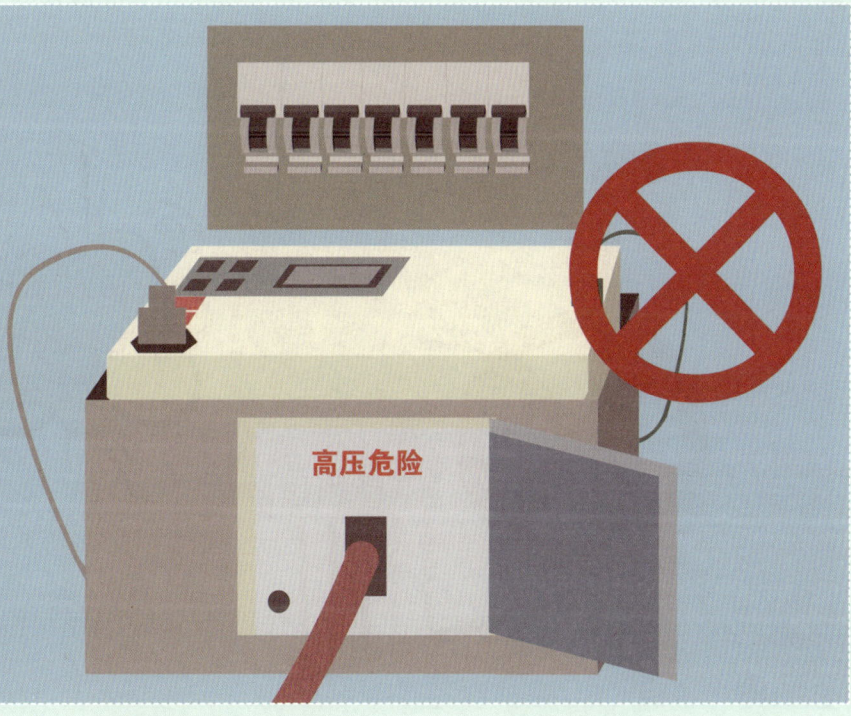

4.1　触电伤亡

▌危险点 ▶▶

→ 低压电气工作时，不包裹拆开
的引线头。

▌防范措施 ▶▶

→ 低压电气工作时，拆开的引线、
断开的线头应采取绝缘包裹等
遮蔽措施。

裸露线
没有绝缘包围
遮蔽措施

禁止使用锉刀
等金属物工具

4.1 触电伤亡

危险点 ▸▸

→ 不正确使用绝缘工具进行电气带电工作。

防范措施 ▸▸

→ 低压电气带电工作使用的工具应有绝缘柄，其外裸露的导电部位应采取绝缘包裹措施；禁止使用锉刀、金属尺和带有金属物的毛刷、毛掸等工具。

4.1 触电伤亡

▌危险点 ▶▶

→ 高低压同杆架设，不采取绝缘
隔离措施进行工作。

▌防范措施 ▶▶

→ 高低压同杆（塔）架设，在低
压带电线路上工作前，应先检
查与高压线路的距离，并采取
防止误碰高压带电线路的措
施。高低压同杆（塔）架设，
在下层低压带电导线未采取绝
缘隔离措施或未停电接地时，
作业人员不得穿越。

高压

低压

与高压设备
带电部位
未保持足够距离

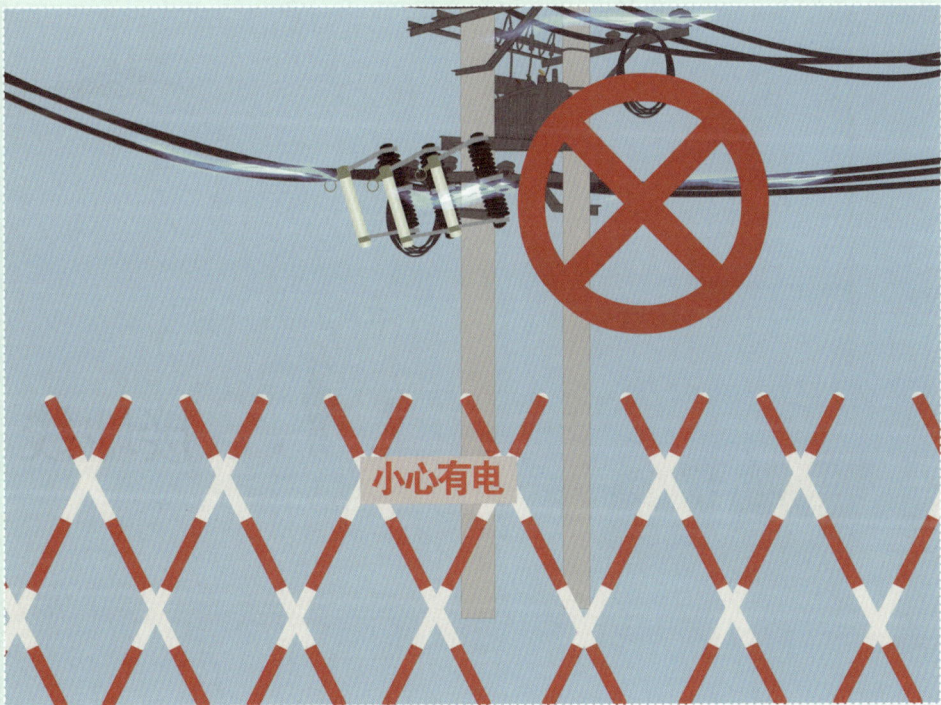

小心有电

4.1 触电伤亡

▌危险点 ▶▶

→ 不采取防误合措施在低压用电
设备上工作。

▌防范措施 ▶▶

→ 在低压用电设备上停电工作
前，应断开电源、取下熔丝，
加锁或悬挂标示牌，确保不
误合。

4.1 触电伤亡

▌危险点 ▶▶

→ 不采取防止反送电的措施就在
有分布式电源接入的低压配电
网上工作。

▌防范措施 ▶▶

→ 若在有分布式电源接入的低压
配电网上停电工作，至少应采
取以下措施之一防止反送电：
①接地；②绝缘遮蔽；③在断
开点加锁，悬挂标示牌。

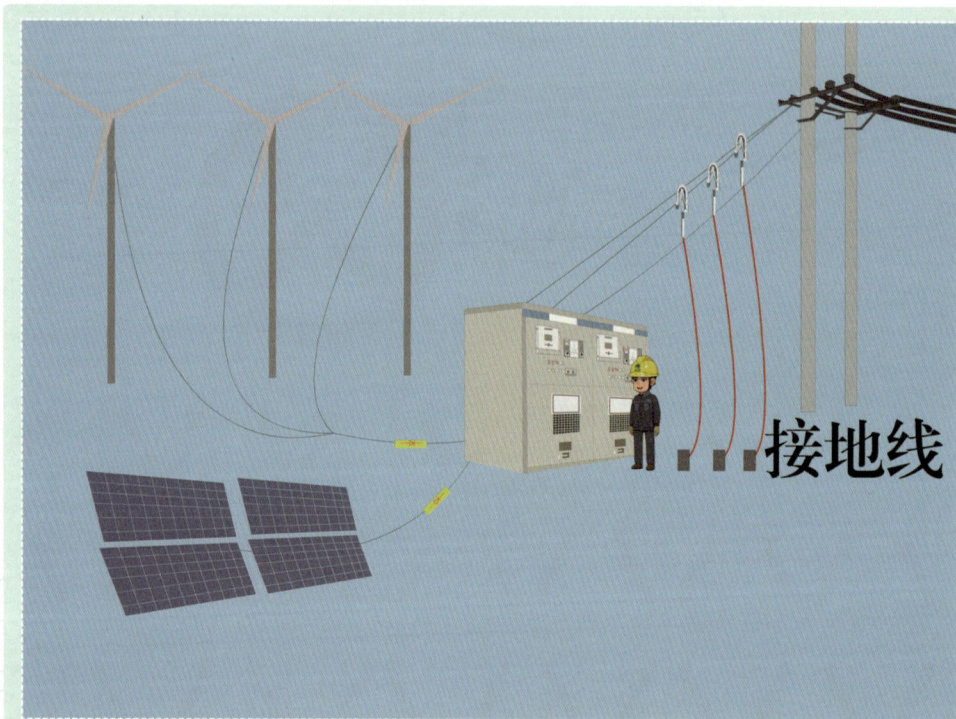

接地线

4.1 触电伤亡

▌危险点 ▶▶▶

→ 单独进入用户现场进行用电检察或验收，触碰裸露带电部位。

▌防范措施 ▶▶▶

→ 一个人不应单独进入用户用电设备现场进行用电检查或验收，应在用户人员陪同下进行。禁止触碰裸露带电部位；禁止误入带电间隔，禁止擅自打开柜门、移动绝缘挡板。无论高压配电线路、设备是否带电，不得单独移开或越过遮栏。

4.1　触电伤亡

▌危险点 ▶▶▶

→ 单人进行故障巡视工作，未保
持安全距离。

▌防范措施 ▶▶▶

→ 故障巡视工作，应至少两人一
组进行。故障巡视中应始终认
为线路带电，保持安全距离。

未与带电线路
保持安全距离进行
砍剪树木工作

4.1　触电伤亡

▍危险点 ▶▶▶

→ 未与带电线路保持安全距离进行砍剪树木工作。

▍防范措施 ▶▶▶

→ 为防止树木（树枝）倒落在线路上，应使用绝缘绳索将其拉向与线路相反的方向，绳索应有足够的长度和强度，以免拉绳的人员被倒落的树木砸伤。风力超过 5 级时，禁止砍剪高出或接近带电线路的树木。

4.1 触电伤亡

危险点 ▶▶▶

→ 带负荷断、接引线。

防范措施 ▶▶▶

→ 禁止带负荷断、接引线。

工作前一定要将负荷侧开关全部拉开

营配专业

YINGPEI ZHUANYE

通用部分

变电专业

输电专业

营配专业

电网建设

4.1 触电伤亡

危险点 ▶▶

→ 未正确穿戴绝缘防护用具开展带电作业。

防范措施 ▶▶

→ 带电作业，应穿戴绝缘防护用具。带电作业过程中，禁止摘下绝缘防护用具。

4.1 触电伤亡

▌危险点 ▶▶

→ 人员未认清设备名称，误入带电间隔。

▌防范措施 ▶▶

→ 现场必须进行安全交底并履行确认手续，由工作负责人告知作业人员工作内容、人员分工、带电部位、现场安全措施和危险点，并再次确认设备编号。

误入带电间隔
会发生触电伤亡

营配专业 ❖

YINGPEI ZHUANYE

通用部分

变电专业

输电专业

营配专业

电网建设

与高压设备带电部位未保持足够距离

4.1 触电伤亡

┃ 危险点 ▸▸

→ 在配电设备上作业，人体与高压设备带电部位未保持足够距离。

┃ 防范措施 ▸▸

→ 在配电设备上作业，人体与高压设备带电部位必须保持足够安全距离，10kV 及以下保持 0.7m 以上安全距离，20kV 保持 1m 以上安全距离。

4.1 触电伤亡

▌危险点 ▶▶▶

→ 不核对走径编号、不充分放电即解开电缆接头。

▌防范措施 ▶▶▶

→ 电缆故障走径检测必须核对电缆编号，断开故障电缆各侧电源，电缆接地前应逐相验电并充分放电。对故障电缆加压测试时，作业人员应保持与故障电缆的安全距离。

4.1　触电伤亡

危险点 ▶▶▶

→ 不采取可靠接地措施即开断电缆。

防范措施 ▶▶▶

→ 断开电缆前用接地的带绝缘柄的铁钎钉入电缆芯后，方可工作。扶绝缘柄的人应戴绝缘手套并站在绝缘垫上，并采取防灼伤措施。

4.1 触电伤亡

▌危险点 ▶▶

→ 高压侧核相未保持足够安全
距离。

▌防范措施 ▶▶

→ 高压侧核相应保持足够安全距
离，使用相应电压等级的核相
器，逐相进行。高压侧核相宜
采用无线核相器。二次侧核相
时，应防止二次侧短路或接地。

4.1　触电伤亡

▌危险点 ▶▶

→ 未采取防反送电措施进行电压互感器的二次回路通电试验。

▌防范措施 ▶▶

→ 将二次回路断开，并取下电压互感器高压熔断器或拉开电压互感器一次隔离开关，防止由二次侧向一次侧反送电。

4.1 触电伤亡

▌危险点 ▶▶▶

→ 不验电进行配电网通信终端检修。

▌防范措施 ▶▶▶

→ 在配电网通信终端检修时，进行通信终端设备箱体的 10kV 或 220V 验电。

通信设备箱体上可能会带有10kV或220V电压，一定要先验电

10kV

啊!!!
脚扣断了

4.2 高处坠落

▌危险点 ▶▶

→ 未检查登高工具即攀登电杆作业。

▌防范措施 ▶▶

→ 攀登电杆前应检查登高工具，检查杆体和杆基是否牢固，并做冲击测试。登杆、杆上移位不得失去安全带保护。

4.3　起重伤害

▌危险点 ▶▶▶

→ 起重设备支腿不牢靠。

▌防范措施 ▶▶▶

→ 起重设备及带电作业车作业时，支腿应置于平坦、坚实的地面上，不得在暗沟、地下管线等上面作业。

5 电网建设

5.1　触电伤亡

▌危险点 ▶▶▶

→ 未正确布置施工电源，未采用
三级配电二级保护。

▌防范措施 ▶▶▶

→ 当施工现场与外电线路共用同一
供电系统时，电气设备应根据当
地要求进行保护接零，或进行保
护接地，不得一部分设备进行保
护接零，另一部分设备进行保护
接地。当现场采用供电公司高压
侧供电，自己设置变压器形成独
立电网的，应进行工作接地，必
须采用 TN-S 系统。自备发电机
时，接地系统独立设置，也应采
用 TN-S 系统。末级和上一级或
总配电箱应采用漏电保护装置。

有电!

有电!

未采用
三级配电
二级保护

5.1　触电伤亡

▌危险点 ▶▶▶

→ 土建施工人员误入有电间隔。

▌防范措施 ▶▶▶

→ 严格执行保证施工安全的组织
和技术措施，落实监护制度，
实行全员、全过程和全方位监
护。施工地点做好安全隔离
措施。

5.1 触电伤亡

危险点 ▶▶

→ 展放的绳、线直接从带电线路下方穿过。

防范措施 ▶▶

→ 展放的绳、线不应从带电线路下方穿过；若要穿过时，应制定专项安全技术措施，并设专人监护。

5.1　触电伤亡

▌危险点 ▶▶▶

→ 未做防感应电措施进行新建线路的附件安装。

▌防范措施 ▶▶▶

→ 新建线路和带电运行线路长距离平行时，在新建线路上将产生高达上千伏的感应电压。为了防止感应电伤人，首先必须在附件安装作业区间两端装设保安接地线，然后应在作业点两侧增设接地线，并使用个人保安线。

5.2　高处坠落

▌危险点 ▶▶▶

→ 高处作业时，未按规定正确
使用安全带等高处防坠用品
或装置。

▌防范措施 ▶▶▶

→ 在没有脚手架或在没有栏杆的
脚手架上工作，高度超过1.5m
时，应使用安全带，或采取其
他可靠的安全措施；高处作业
人员在转移作业位置时，不得
失去安全保护。

高处作业
应正确使用
安全带

组立杆塔时
不按照规定
使用拉线

5.2　高处坠落

▍危险点 ▶▶

→ 组立杆塔时，随意拆除临时拉线。

▍防范措施 ▶▶

→ 永久拉线未全部安装完毕，不得拆除临时拉线；组立杆塔时，永久拉线未全部安装完毕，不得登塔拆除吊点；临时拉线单杆不得少于4根，双杆不得少于6根；调整杆塔倾斜或弯曲时，应根据需要增设临时拉线；杆塔上有人时，不得调整临时拉线。

5.2　高处坠落

▊ 危险点 ▶▶

→ 组塔过程中未做好防坠落措施。

▊ 防范措施 ▶▶

→ 高处作业人员在转移作业位置时
不得失去保护，手扶的构件必须
牢固；作业人员上下铁塔应沿脚
钉或爬梯攀登。在间隔大的部位
转移作业位置时，应增设临时扶
手，不得沿单根构件上爬或下滑；
攀登无爬梯或无脚钉的钢筋混凝
土电杆时，必须使用登杆工具。
多人上下同一杆塔时应逐个进
行。严禁利用绳索或拉线上下杆
塔或顺杆下滑；在霜冻、雨雪后
进行高处作业，应采取防滑措施。

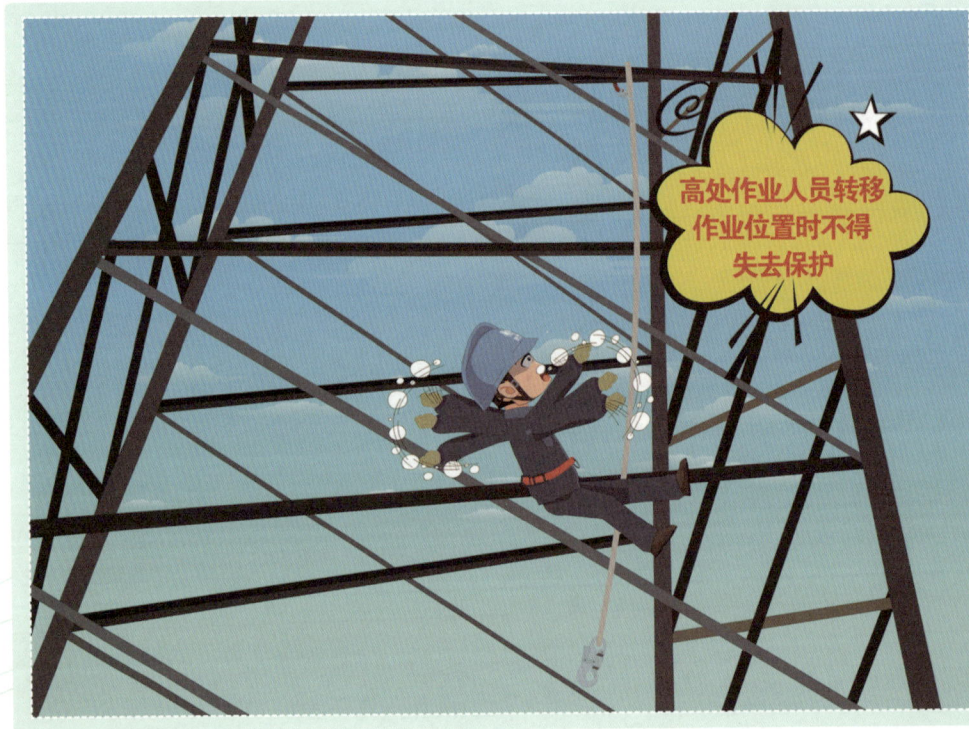

高处作业人员转移作业位置时不得失去保护

5.2 高处坠落

危险点 ▶▶▶

→ 运料时推车至跳板边缘翻车下料

防范措施 ▶▶▶

→ 用小推车运料时，进出道应分设。推车时不要奔跑，防止相互碰撞。下料时不许在跳板边翻车下料，跳板边缘应设挡板。下料时必须经下料漏斗溜下。下料时坑上、坑下密切配合，坑内人员应停止一切工作。

推车至跳板
边缘翻车下料

5.3　物体打击

▌危险点 ▶▶

→ 施工人员在高处作业点下方逗
留或通过。

▌防范措施 ▶▶

→ 作业人员不得在高处作业点下
方停留或通过，防止物体打击。

电网建设 ♣

DIANWANG JIANSHE

通用部分
变电专业
输电专业
营配专业
电网建设

挂线点
固定滑轮绳扣断裂
地脚滑轮脱扣

5.3 物体打击

▌ 危险点 ▸▸▸

→ 未检查软母线挂线点固定滑轮绳扣、地脚滑轮。

▌ 防范措施 ▸▸▸

→ 软母线挂线前，构架应经验收合格。检查金具是否符合要求，经常检查挂线点处绳扣在横梁上缠绕过程中有无破损、断股，由专人负责用手旗指挥升降，母线着力后，检查所有绳扣及底滑轮及卷扬机钢丝绳，确认无误后，方可起升。

5.4 坍塌

▌危险点 ▶▶

→ 现浇混凝土模板支撑系统未经
承力计算，排架立柱地基不坚
实、无垫板。

▌防范措施 ▶▶

→ 编制模板施工专项施工措施，
排架立柱地基夯实，使用垫板。

坑口堆满材料、工具，流沙坑施工时无专人安全监护

5.4 坦塌

▌危险点 ▶▶

→ 在坑口边缘堆积材料、工具和泥土。

▌防范措施 ▶▶

→ 坑口边缘 0.8m 以内不得堆放材料、工具、泥土，并视土质特性，留有安全边坡。化冻后土质容易塌方，流沙坑也容易塌方，以上这两种情况施工时，应派专人安全监护，随时检查坑边是否有裂纹出现，做好安全监护。

5.5 爆炸

▌ 危险点 ▶▶

→ 未对气瓶采取防震动或防撞击
措施。

▌ 防范措施 ▶▶

→ 在运输、储存和使用过程中，
避免气瓶剧烈震动和碰撞，防
止气瓶脆裂爆炸。氧气瓶要有
瓶帽和防震圈，禁止敲击和碰
撞，气瓶使用时应采取可靠的
防倾倒措施。

5.5 爆炸

▌危险点 ▶▶

→ 炸药、雷管同时携带。

▌防范措施 ▶▶

→ 炸药、雷管必须分别携带并装在专用箱（盒）内，携带爆炸物品人员之间的距离应大于15m。在民房、电力线附近爆破施工时应采取放小炮、放闷炮或在炮眼上加覆盖物等安全措施。

5.6 机械伤害

危险点 ▶▶

→ 电缆敷设时无人指挥和监护。

防范措施 ▶▶▶

→ 放电缆时由专人指挥。电缆通过孔洞、管道的交通通道时，两侧设置监护人。放电缆时，临时打开的沟盖、孔洞须设警示标志或围栏，完工后，立即封闭。施工人员进入隧道、夹层及电缆沟时必须戴好安全帽，拐弯处人员必须站在电缆外侧，在运行变电站敷设电缆必须取得生产运行单位同意和监护。

电缆敷设时应由专人指挥和监护

5.6　机械伤害

危险点 ▶▶

→ 拆除转角杆塔不设拉线或拉线对地夹角过大。

防范措施 ▶▶

→ 应按措施要求在拆除导线的反向侧打好拉线，拉线的对地夹角度数应能满足该塔承受下压力负重的要求，必要时应对横担和塔身进行补强。

5.7　中毒和窒息

▌危险点 ▶▶

→ 不采取防止 SF_6 气体泄漏和防护的措施。

▌防范措施 ▶▶

→ 关闭有关气室与改扩建设备气室间的阀门，将解体气室的气体回收，并用氮气反复冲洗 3 遍；气室为微负压时再与大气连通，方可打开封板；使通管、腔体处于通风排气状态，30min 后工作人员方可接近设备；工作人员必须佩戴防毒面具、防护眼镜、乳胶手套，穿好专用防护服和专用鞋；通风良好的情况下，工作人员方可进入腔体、通管，同时指派专人监护。